¿Qué pasa en la primavera?

Los animales en la primavera

por Jenny Fretland VanVoorst

ROCKFORD PUBLIC LIBRARY

Bullfrog Books

Ideas para padres y maestros

Bullfrog Books permite a los niños practicar la lectura de texto informacional desde el nivel principiante. Repeticiones, palabras conocidas y descripciones en las imágenes ayudan a los lectores principiantes.

Antes de leer
- Hablen acerca de las fotografías. ¿Qué representan para ellos?
- Consulten juntos el glosario de fotografías. Lean las palabras y hablen de ellas.

Lean en libro
- "Caminen" a través del libro y observen las fotografías. Deje que el niño haga preguntas. Señale las descripciones en las imágenes.
- Lea el libro al niño, o deje que él o ella lo lea independientemente.

Después de leer
- Inspire a que el niño piense más. Pregunte: ¿Cuáles son los primeros animales que ves en la primavera? ¿En dónde crees que pasan el invierno?

Bullfrog Books are published by Jump!
5357 Penn Avenue South
Minneapolis, MN 55419
www.jumplibrary.com

Copyright © 2016 Jump! International copyright reserved in all countries. No part of this book may be reproduced in any form without written permission from the publisher.

Library of Congress Cataloging-in-Publication Data

Fretland VanVoorst, Jenny, 1972– author.
  [Animals in spring. Spanish]
  Los animales en la primavera / por Jenny
  Fretland VanVoorst.
    pages cm. — (¿Qué pasa en la primavera?)
  "Bullfrog Books are published by Jump!."
  Audience: Ages 5–8.
  Audience: K to grade 3.
  Includes index.
  ISBN 978-1-62031-241-4 (hardcover: alk. paper) —
  ISBN 978-1-62496-328-5 (ebook)
  1. Animal behavior—Juvenile literature.
  2. Animals—Juvenile literature.
  3. Spring—Juvenile literature. I. Title.
  QL751.5.F6918 2015
  591.5—dc23
                                          2015003258

Series Designer: Ellen Huber
Book Designer: Lindaanne Donohoe
Translator: RAM Translations

Photo Credits: All photos by Shutterstock except:
Dreamstime, 4, 23tl; iStock, 10; Thinkstock, 5.

Printed in the United States of America at
Corporate Graphics in North Mankato, Minnesota.

Tabla de contenido

La vida es buena

La marmota sale
de su madriguera.

¿Es tiempo ya?
Sí. El invierno
se terminó.

Una tortuga sale del agua.

Pasó todo el invierno
en el fondo del lago.

Ya es hora de comer.

Los pájaros cantan
en los árboles.

Regresaron del sur.

Es hora de encontrar
un compañero.

Los animales bebés nacen.

En la granja, un cordero aprende a caminar.

En el bosque,
el oso cachorro
aprende a escalar.

huevos

La rana pone sus
huevos en un lago.

Pronto se convertirán
en renacuajos para
luego convertirse
en ranas.

renacuajos

15

¡Hay tanto que comer!

Pasto y moras.

Peces y gusanos.

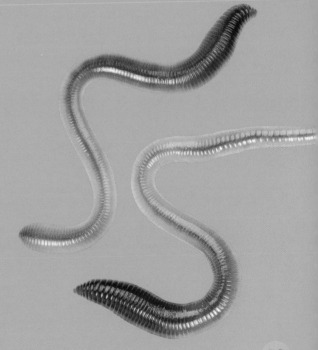

La vida es buena.

¡Ya es primavera!

Los animales bebés de la primavera

conejito

cordero

pájaro

cervato

Glosario con fotografías

cachorro
Un mamífero
bebé, ya sea
oso, zorro
o león.

madriguera
La casa de
la marmota,
debajo de
la tierra.

compañero/a
Parte masculina
o femenina de
una pareja.

renacuajo
Una etapa de la
vida de una rana;
el renacuajo
se convierte
en rana.

Índice

Para aprender más

Aprender más es tan fácil como 1, 2, 3.

1) Visite www.factsurfer.com

2) Escriba "losanimales" en la caja de búsqueda.

3) Haga clic en el botón "Surf" para obtener una lista de sitios web.

Con factsurfer.com, más información está a solo un clic de distancia.